EDICIONES ANTÍGONA

TEATRO

EDICIONES ANTÍGONA

© Fernando Cayo, 2025

© Para todos los países en lengua española:
Ediciones Antígona, S. L.
C/ Prim 15, local - 28004 (Madrid)
Tel: 91.119.17.32 / 640.631.054
info@edicionesantigona.com
www.edicionesantigona.com

Primera edición, 2025

Directora de la colección: Conchita Piña
Diseño de cubiertas: IJdesign sobre un cartel de Belén Roldán Gil
Director editorial: Isaac Juncos Cianca

ISBN: 978-84-10060-44-9
Depósito legal: M-12016-2025

Impreso en España / Printed in Spain

EDICIONES ANTÍGONA

C/ Prim 15 local. 28004 Madrid
Tlfnos. 91.119.17.32 / 640.631.054
www.edicionesantigona.com
info@edicionesantigona.com

 @edantigona

 @edicionesantigona

 @edantigona

FERNANDO CAYO

¡POR TODOS LOS
DIOSES!!

¡¡POR TODOS LOS DIOSES!!

FERNANDO CAYO

ÍNDICE

Dramatis personae 11

I. El por qué de sólo alguna cosa 13

II. En el principio el caos 21

III. Más dioses 37

IV. Mi familia y otros animales 49

V. El Hades 52

VI. Orfeo 56

VII. Hombres 63

VIII. Zeus y los hombres 66

A la abuela Lupe,
a mis padres Ricardo y Delfina
y a mis hermanos Susana, Marta y Gustavo
por haber sido inspiración y criaturas mitologícas…

DRAMATIS PERSONAE

INTÉRPRETE

PÚBLICO

I. El por qué de sólo alguna cosa

Un hombre con traje y corbata, el Intérprete, *aparece al fondo del escenario. A la derecha del espacio escénico un músico multinstrumentista, una batería, un piano, otros artefactos sonoros.*

Intérprete

¿Estamos despiertos o estamos viviendo un sueño?

¿El universo es, como dicen, una proyección holográfica?

¿Vivimos en un único universo o hay varios multiversos donde vivimos vidas paralelas?

¿Y nosotros, quiénes somos, para qué narices estamos aquí?

¿Y yo? ¿Quién soy yo, un profesor, un conferenciante o soy un mago que hace de profesor conferenciante?

¿O soy un actor que hace de mago que hace de profesor conferenciante?

¿O soy un Dios y estoy jugando con vosotros?

Risas, indicando que bromea. Cambia el clima. El Intérprete *se sienta en una silla en un lateral del proscenio.*

Veréis, yo siempre he querido encontrar respuestas...

Soy de Valladolid, Castilla y León, tierra de campos y buen vino, por supuesto, pero sobre todo, tierra de trigales amarillos. Horizonte amarillo *pallá*, horizonte amarillo *pacá*... y, de vez en cuando, muy de vez en cuando, un pino. Los tres tristes tigres que triscaban trigo en un trigal viven también allí, desde siempre.

Al colegio yo iba en tractor o en cosechadora, dependiendo de la época del año. A mi padre le gustaba pintar acuarelas campestres, pero como vivíamos en Valladolid no tenía mucha variedad temática así que pintaba campos de trigo. Campos de trigo al anochecer, campos de trigo por la mañana, campos de trigo por la noche, teníamos las paredes de la casa llenas de...

> INTÉRPRETE *invita con un gesto al* PÚBLICO *para que respondan en coro... «Campos de trigo».*

PÚBLICO
Campos de trigo.

INTÉRPRETE
Abría la ventana y veía...

> INTÉRPRETE *invita con un gesto al* PÚBLICO *para que respondan en coro... «Campos de trigo».*

PÚBLICO
Campos de trigo.

INTÉRPRETE
Pues no. Había una panadería, pero más allá sí, había un montón de... campos de trigo. Menos mal que en casa ninguno eramos celíaco.

Yo por la noche soñaba con... campos de trigo, aunque

eso no estaba tan mal, un campo de trigo con las mieses ondulantes movidas por el viento es lo más parecido a un mar; y a mí me gusta el mar, un mar amarillo, como de Van Gogh… pura psicodelia. Lo cierto es que con tanto amarillo en casa estábamos sobreestimuladísimos. Yo le decía a mi padre:

—¿Papá, otro campo de trigo?
Y él me respondía:

—Sí, pero en este, si te fijas, he pintado al fondo un hombrecito que viene de vuelta a casa con una maletita al hombro, ahí a la izquierda chiquitito por ese camino…

Y, coño, me acercaba y allí estaba.

—¿Has visto el nido de pájaros…?

Te acercabas y allí estaba entre las mieses un nido pequeñito con unos pajarillos pequeñitos.

—Y si te fijas en el horizonte asoma el campanario la iglesia del pueblo de al lado…

Y te acercabas… y allí estaba.
Mi padre era capaz de captar los detalles en la inmensidad de un trigal… tenía… visión de conjunto, no sé cómo llamarlo… amplitud de miras. Recuerdo que continuamente decía:

— Hijo, tienes que fijarte. Tienes que poner un poco de consciencia en las cosas, que vas por la vida como pollo sin cabeza. Tienes que aprender a distinguir lo principal de lo secundario; tienes que aprender a separar la paja del grano.

Pero en aquel entonces, yo tenía trece años... y en esa época de la vida de un hombre, la paja y el grano van de la mano.

La que también estaba sobreestimuladísima era la Abuela Lupe que vivía con nosotros. Noventa y cinco años, cataratas, no veía tres en un burro, se le iba la cabeza.

Mi madre le ponía una silla de esas que tienen barras de madera al lado de la cama para que se apoyara por si tenía que ir al baño por la noche. Pero, claro, mi abuela cuando se levantaba por la noche de esto ni se acodaba, ella palpaba, notaba las barras de la silla y en su mente creía que eran los barrotes de una cárcel o de una mazmorra medieval. Todas las noches nos despertaba pegando voces:

— ¡Socorro que me tienen en la cárcel! ¡Que me quieren matar! ¡Asesinooos!

Una mañana, a mi abuela, se le terminaron los cereales del desayuno y cogió una acuarela que mi padre había dejado secando en la cocina con un...

INTÉRPRETE *invita con un gesto al* PÚBLICO *para que respondan en coro... «Campo de trigo».*

PÚBLICO
Campo de trigo.

INTÉRPRETE
La metió en el tazón de leche para reblandecerla y empezó a comérsela; se le puso toda la cara amarilla de la pintura. Mi madre, que no la había visto entrar, la ve con la cara amarilla y empieza a gritar:

— ¡Hepatitis, hepatitis que la abuela ha pillado la hepatitis!

Mi padre:
— ¿Pero qué pasa, qué pasa? En esta casa siempre a los gritos. ¡Coño, la abuela que se come mi acuarela!

La abuela no sabía qué coño estaba pasando, presenciaba aquello como el que estaba viendo un partido de tenis.
Los vecinos subieron con los azadones y las orcas, tiraron la puerta abajo:

— ¡Qué pasa, qué pasa! ¡En esta casa siempre a los gritos!
Mi abuela, con el susto, se atraganta con la acuarela.
— ¡Una ambulancia, una ambulancia que se les ahoga la abuela!
Mi padre, cabreado:
— Delfina, tu madre, que me tiene manía. En esta casa no se valora el arte y además es una tragona, todo lo que pilla, ¡hala!, *padentro*.
A lo que mi madre añade:
¡Pero, Ricardo, dale un vaso de agua, que se nos ahoga la abuela!
Mi padre:
— Y una leche, ¡que se traga mi acuarela, que la suelte primero!
Mi padre dio un manotazo en la espalda a la abuela, la abuela regurgitó la acuarela encima de uno de los de la ambulancia que estaba entrando en ese momento:
— ¡Joder, qué asco señora!

Y así es como mi padre le salvó la vida a la abuela. Después de este disgusto, mi madre, que era cubana y tenía un pronto tropical, le dijo a mi padre:

— Ricardo, o la pintura o yo.

Y mi padre lo dejo una temporada, pero se conoce que lo

llevaba en la sangre y un día que tenía que tapar una humedad en el techo del comedor, comenzó a pintar, a pintar y a pintar y se marcó un fresco mitológico de aquí te espero. Él decía que era una versión de «La caza del jabalí de Caledonia», un montón de héroes intentando matar a un jabalí monstruoso...

Es que a mi padre le gustaba mucho la literatura, los clásicos, la mitología. Se conoce que ya había pillado carrerilla y continuó pintando, pintando, pintando en el baño Poseidón; en la cocina Vulcano; en el salón a la diosa Gea...

La casa quedó preciosa, preciosa quedó la casa, parecía la Capilla Sixtina. Nos convertimos en la comidilla del barrio; hasta venían excursiones del Imserso para ver la casa. La casa quedó preciosa, sí, pero agobiaba un poco. Mi padre como era de Valladolid cuándo le daba por algo, era como... no sé cómo decirlo... como todo trigo.

Se conoce que el paisaje castellano nos da amplitud de miras, pero también pertinacia... insistencia... la palabra es obsesión, lo del comedor era *exagerao*.

A mí me daba corte comer allí con el jabalí de Caledonia ese horroroso que parecía que iba a saltar al plato en cualquier momento... Y claro, todo aquello que tenía sobre mi cabeza me acabó obsesionando.

En cambio, en mi colegio, me tocó ir a uno de curas, despreciaban todas estas historias, no se las tomaban en serio. Siempre se pasaba por el tema deprisa y corriendo; se burlaban de ellos:

— Estos dioses paganos son como de serie B. Zeus, Afrodita, los faunos... es que están siempre fornicando.

Y yo pensaba:

— ¿Fornicando? ¿Fornicando?

Y así terminaron de captar mi atención. La verdad es que a mí, todos estos seres mitológicos me resultaban más cercanos, más comprensibles, más humanos que todo el lío aquel de la Santísima Trinidad. Al final, me acabé pasando tardes enteras con la cabeza prendida en los frescos que mi padre había pintado por toda la casa.

Pero es que llego un momento que... Empecé a entender a mi familia a través de los dioses.

Cuando mi padre me perseguía por el pasillo para tirarme una zapatilla por no hacer los deberes, para mi era «Zeus Tonante» lanzándome un rayo.

Mi madre cocinando, le encantaba cocinar era Vulcano-Hefesto en su fragua haciendo su magia.

La abuela haciendo punto en el salón era como Ariadna y su hilo o Penélope tejiendo el tapiz de Ulises.

Cuando mis hermanas y hermanos salían de juerga con sus amiguetes, eran como Jasón y los Argonautas, se iban de aventuras.

Todo esto se fue extendiendo a todo lo demás: Patricia, la chica que me gustaba, pero que no me hacía ni caso, era Afrodita-Venus; la diosa del amor. Hermosísima, encantadora pero caprichosa y cruel. El profesor de gimnasia, que nos trataba como si estuviéramos en los marines:

— ¿Eso es correr...? ¡Como te dé un guantazo vas a saber lo que es la velocidad!...
Era Ares-Marte, Dios de la guerra.

Mis tres tías rellenitas eran las tres gracias. El camarero gordito, que nos daba de beber en el bar al que íbamos la pandilla, era Dioniso-Baco, dios de la fiesta y del vino del desenfreno.

La mitología me ayudó a entender a mi familia, a comprender la vida, el universo.... y a encontrar alguna de esas respuestas de las que os hablaba al principio.

19

(Como recordando, ensoñando.)

Y es que todos esos nombres: Zeus, Gea, Urano... tienen algo familiar...

II. En el principio el caos

¿Sabéis que en el principio de todo reinaba el Caos?
¿Que qué es el Caos? Una especie de agujero negro, de vértigo, de caída sin fin ni fondo. Un lío impresionante... Como la habitación de mi hija, pero a lo bestia, como nuestra actualidad nacional-internacional. Un tejemaneje, un lio sin fin, ni fondo.
En el principio reinaba el Caos y del Caos nació Gea, la tierra.

(Al Público.*)*

¿Por qué? Porque sí.
Veréis, a lo largo del espectáculo os voy a dar una serie de claves para comprender la mitología griega como, por ejemplo:

«Todo tiene su razón de ser menos lo que es porque sí».
(Implica al Público.*)* «Todo tiene su razón de ser menos lo que es...».

Público
    «Porque sí».

Intérprete

Hay cosas que son porque sí.

Al principio era el Caos, y del Caos nació Gea «punto pelota» no lo des más vueltas. De Gea surgió Urano, el cielo, que era al mismo tiempo su hijo y su amante.

Una cosa, para entender a los griegos hay que ser abiertos de mente, un poquito... «open mind, please».

Para empezar, toda la mitología viene de un incesto.

Tengamos presente que estaban solos... ¿Quiénes somos nosotros para juzgarles?

Gea es la madre, Urano es el hijo. También estaba por allí Eros que no sabemos de dónde sale, pero estaba allí, digamos que salió del Caos que era muy prolífico, pero lo que sí sabemos es que Eros, era el espíritu del amor fecundo, una cosita preciosa de peluche y los tres juntos: Gea, Urano y Eros, eran como La Madre, El Hijo y El Espíritu Santo.

Ya sé que todo esto es un poco confuso…, pero no os preocupéis, que luego esto pega un subidón tremendo…

Gea y Urano, la madre y el hijo, motivados por Eros, tuvieron relaciones. Estamos hablando de un acoplamiento de dimensiones cósmicas, un coito verdaderamente divino.

Gea, con el placer del acto, se arqueó y se formaron las hermosas colinas. Y aquí vamos a la clave mitológica que dice…

«Todo lo que pasa sirve para algo».
«Todo lo que pasa…».

Público:

«… Sirve para algo».

Intérprete

Todo sirve para algo, es a lo que yo llamo el principio del reciclaje.

Gea y Urano como resultado de este acoplamiento cósmico concibieron a los Titanes: Cronos, la majestuosa Rea, maravillosos, y a los Hecatónquiros que eran un montón de gigantes con cien brazos y cincuenta cabezas.
Aquí podemos datar el primer *baby boom* de la historia.
(A un espectador.) Apunta, apunta.
Los Hecatónquiros eran gigantes de cien brazos y cincuenta cabezas con cincuenta caras muy feas.
Tengo una teoría al respecto… Gea y Urano empezaron practicando con mucha gana y concibieron primero a los más guays, los Titanes. Cronos, Rea, maravillosos, siguieron practicando ya un poco más desganados y les salieron los Hecatónquiros, más defectuosillos, más patitos feos. Urano, su padre, los odió desde el primer momento.
¿Y qué hizo para no verlos?
Recordad que Gea y Urano seguían practicando. Gea iba pariendo sobre la marcha. Las cosas antes se hacían así, y además como eran dioses parían como les daba la santa gana. Los Hecatónquiros estaban saliendo del vientre de su madre.
¿Y qué hizo Urano para no verlos?
Pues con su gigantesco falo empujó a los Hecatónquiros hacia dentro del vientre de la madre, o sea, impidió que nacieran a «pollazo limpio».
Aquí vamos a la clave mitológica que nos dice:

«A grandes males, grandes remedios».
«A grandes males…».

PÚBLICO
«Grandes remedios».

INTÉRPRETE
Ya veis, al principio era confuso, pero ahora es un no parar.
Urano empujando con su miembro, Gea retorciéndose de

23

dolor crea las montañas escarpadas. O sea, está jodida pero sigue creando, un poco así como nosotros hoy: Bien jodidos, pero siempre tirando palante. Los Hecatónquiros empujaban con sus cien brazos diciendo:

—¡Papá, déjanos salir!
Urano:
—¡Que no, que no!
Urano estaba tan obcecado que no se dio cuenta de que Gea pidió ayuda a su hijo Cronos:
— ¡Cronos, ayúdame con tu padre!
— ¡Que no mamá, que no, que me da con su cosa enorme!
— ¡Hijo, libérame!
— Venga, mamá, vale…

Gea hizo surgir hierro de la tierra y este se curvó bajo la voluntad de Cronos que aunque acababa de nacer, tenía una voluntad increíble… dio forma a una hoz de dimensiones cósmicas. Era para que os hagáis a una idea como los anillos de Saturno. Tomó la hoz, la blandió con fuerza y castró a su padre Urano:

— ¡Ahhhhhhhhhh!

Agarró los colgajos y los lanzó lejos (lanzamiento tipo discóbolo), pero del miembro cercenado de Urano cayeron unas gotas de sangre sobre la tierra y aquí vamos a la clave mitológica que dice:

«Todo lo que pasa sirve…».

Público
«Para algo».

INTÉRPRETE

Esas gotas de sangre que cayeron se mezclaron con los restos fértiles de Gea y de ahí nacieron las Erinias.

(Corrigiendo la intervención imaginaria de un espectador.) No, las hernias no, las Erinias; las Furias, que como su propio nombre indica, son unos malos bichos de cuidado. ¿Por qué? Porque nacen del primer grito de sorpresa y dolor de su padre Urano. Así salen las Erinias, más malas que la quina porque nacen con la venganza en su ser.

No me digáis que esto no es una buena historia.

Esto no es: chico encuentra a chica se enamora y la quiere llevar al baile de graduación, pero su padre no le deja… No. Esto es una historia fenomenal: Cronos para liberar a su madre y sus hermanos castra a su padre con una hoz. Es una historia impresionante…

Pero ahí no queda la cosa. El miembro cercenado de Urano cae al suelo y salpica otras gotitas, y de estas a su vez nacen unos Gigantes, feos, muy feos, se ve que como le salieron de sus partes, pues le nacieron feos de… sus partes…

(Indicando a alguien del público.) Eran como tú.

Vamos a ver: Quiero decir que tenían ya forma humana, como tú. Bueno las piernas eran humanas, pero la colita de reptil… ¡Como tú!

(Ríe.) Perdona.

(Dirigiéndose al espectador.) Te quiero pedir perdón.

Este hombre dirá: ¿A este tío que le pasa? ¿Qué le he hecho yo? ¿Por qué se mete conmigo? ¡No sé para que he venido! ¿Cuál es el sentido de mi vida? ¿Cuál es el destino de mi ser? Te quiero pedir perdón y te quiero dar las gracias. Pero tu presencia hoy aquí es imprescindible. ¿Sabes por qué?

Porque en cualquier grupo humano, siempre, siempre, siempre, hace falta un ser maravilloso que se joda, para que los demás se diviertan.

Eres nuestro Chivo Espiatorio, eres nuestro tercer mundo, todos somos estúpidos, pero yo a ti te amo. ¿Cómo te llamas?

CHIVO ESPIATORIO
Javier.

Aplausos.

INTÉRPRETE
Pero ahí no queda la cosa: Resulta que el miembro cercenado de Urano era de altos vuelos y fue rebotando, rebotando, rebotando hasta que llegó al mar.

Una vez allí, los restos fértiles se mezclaron con el agua salada y se formó una espumilla, la espuma del mar que nosotros conocemos y esta llegó en forma de espumosas olas hasta la orilla de Chipre.

¿Y de allí, surge...?

Diréis, ¿qué puede surgir de esta asquerosidad, de la espumilla con los restos...?

Pues de la espuma de las olas al llegar a Chipre surgió... Afrodita, diosa del amor, porque en la mitología...

(Al Público.) «Todo lo que pasa sirve...».

PÚBLICO
«Para algo».

INTÉRPRETE
Ya veis que hasta las cosas más bizarras sirven para algo.

Es como... una cosa bizarra, bizarra... Una crisis. ¿Para qué sirven las crisis? Para que los ricos se hagan más ricos y los pobres más pobres. ¿Entendéis?

«Todo lo que pasa sirve para algo».

Cronos, que al arrebatarle a su padre la virilidad... le arrebató el poder, se volvió un poquito soberbio. Lo que les pasa un poco a todos los que llegan al poder: se volvió... un cabronazo.
A sus pobrecitos hermanos, los Hecatónquiros, que ya se creían libres y que iban a poder hacer de todo con sus cien brazos, Cronos los mandó al Tártaro.
¿Qué es el Tártaro? ¿De dónde viene la salsa tártara? No. Era un sitio terrible; un sitio como estos que están abiertos a las siete de la mañana...

(Se dirige a CHIVO ESPIATORIO.*)*

Una churrería, no, de los otros.... Un *after*...
Era como un *after*, pero peor, el más oscuro de los infiernos.
Si «aquí» está el infierno, «más allá» *(Indicando algo muy profundo.)* es donde Cronos mandó a sus pobrecitos hermanos, los Hecatónquiros.
Una vez que está Cronos en el poder se remite a lo único, piensa:

— Voy a buscar pareja.
¿A quién? A su hermana Rea. ¿A quién?
—¡«Arrea»!

De ahí la expresión. Su madre Gea, que después de lo que la había pasado con Urano era totalmente «open mind please», de regalo de bodas les entrego una profecía, que mira tú que les podía haber regalado un microondas o una Thermomix, pues ¡No! Les regaló Una profecía.

(La profecía en griego la reproduce Intérprete *con voz cavernosa.)*

Ma o tu katu tu kosmuuu…

Que quería decir:
— Cronos, uno de tus hijos te hará lo mismo que tú le hiciste a tu padre.

Cronos se quedó pálido y es que siempre que haya una profecía de por medio ya os digo… desconfiad, si un día llega un amigo y te dice:

— Te voy a regalar una profecía.

Decidle:
— No, la profecía pa ti, pa tu padre la profecía.

Porque desde los griegos, sabemos que las profecías nunca traen nada bueno.
Y desde los griegos sabemos que si una profecía te dice que algo malo va a pasar, es que va a pasar.
Pero Cronos vio a su hermana Rea, se le bajó la sangre a sus partes divinas se olvidó de la profecía y dijo:

— ¡Arrea!

De ahí la expresión. Perdonadme, pero esto es así… Siempre se nos han hecho creer que los griegos…, la mitología…, tiene como un regusto venerable, respetable, ejemplarizante, políticamente correcto… pero no. De eso nos olvidamos.

Los griegos eran un pueblo, mediterráneo, de sangre caliente… Quiero decir que esto es un acoplamiento continuo.

Pero cuidado: no hay por qué satanizarlo, esto es algo natural, quien más quien menos todos hemos pasado por ahí. Los griegos antiguos eran mucho de poliamor, tema incesto, tema LGTBIQ, Trans, Cis, Queer, de hecho ellos practicaron todo esto... así que «open mind, please».

Cronos estaba con Rea, arrea que te arrea, coito cósmico viene, coito cósmico va. Y Rea, dio a luz a un hijo tras otro, no había televisión…

Y así, aparece el Equipo Clásico Celestial.

(Al Público.)

Aquí voy a pedir, la colaboración de la Orquesta Cósmica De Efectos Especiales Mitologicos, la OCEEM, o lo que es lo mismo, vosotros.

Si yo digo ovación. ¿A vosotros qué os sale?

PÚBLICO
(Ovación del público.)

INTÉRPRETE
Bueno, lo podemos mejorar. Sentiros libres: soltad hombros, relajaros, aprovechad para soltar para desbloquear soltar toda la tensión, todos los bloqueos que tenéis desde que erais bebes, todo lo de la pandemia, pues todo, amortizar el precio de la entrada que os va a salir más barato que una hora de terapia. Soltad, soltad.

(El INTÉRPRETE va probando y ensayando con el público, ovación, abucheo y las frases que se corean más tarde, «Vienen los dioses»... durante la aparición de los dioses del Olimpo.)

Ahora sí. Estamos preparados:

(Sonido de estadio, retransmisión deportiva.)

Estamos en la tierra primigenia recién salida del Caos, Urano acaba de irse al banquillo después de que su hijo Cronos le haya dejado con las partes pudendas vacantes. Rea, embarazada de su hermano Cronos, da a luz a todo el equipo clásico celestial, Los Dioses Del Olimpo. ¡Ovación!

PÚBLICO
(Ovación.)

INTÉRPRETE
Los Hecatónquiros desde el Tártaro animan mucho con sus cien brazos.

(Canta como en un estadio y PÚBLICO *participa.)*

INTÉRPRETE
Vienen los dioses, pum, pum, pum, pum, pum.
(Tambores.) Los dioses son la hostia...
(Gritos de animación.) ¡Que vienen, que vienen uh, uh!
Que vienen que vienen:

PÚBLICO
¡Uh, Uh!

INTÉRPRETE
Y aquí aparece Hestia, diosa del fuego, del hogar y de las costumbres familiares.
¡Ovación!

PÚBLICO
(Ovaciona.)

INTÉRPRETE

Deméter, diosa de la tierra fértil, aquí aparece con su haz de espigas bajo el brazo.
De – mé – ter.

PÚBLICO

De – mé – ter.

INTÉRPRETE

Hera, protectora del matrimonio… *(Pausa.)* Hera despertaba diversidad de opiniones. Así que la mitad de la sala me vais a hacer ovación a la vez que la otra mitad, abucheos.

PÚBLICO

(Ovaciona y abuchea a la vez.)

INTÉRPRETE

Hades, dios de los infiernos. *(Canta parodiando Heavy metal.)* «Soy Hades… ángel negro vengador, pantalones de cuero ajustados muñequeras de tachuelas…». ¡Ovación!

PÚBLICO

(Ovaciona.)

INTÉRPRETE

Poseidón, el dios del mar… *(Parodia a Poseidón con acento gallego.)* Ondiñas veñen… traigo unos percebes de las rías baixas que os vais a chupar los dedos… Ovación.

PÚBLICO

(Ovaciona.)

INTÉRPRETE

Y, por último, Zeus, que viene abusando con todos los extras celestiales: rayos fulminantes, capacidad camaleónica de transformación, puede transformarse en todo. Dotado generosamente con una capacidad reproductora sin igual, nada más salir ha dejado embarazadas a las tres primeras filas, al árbitro y a los dos jueces de línea… este chico va a dar que hablar… Ovación.

PÚBLICO
(Ovaciona.)

Fin de retrasmisión radio-deportiva.

INTÉRPRETE
A todo esto Cronos, que ya le había regresado la sangre a la cabeza… a la de arriba al ver a todos sus hijos se acordó de la profecía:

— Cronos, uno de tus hijos te hará lo mismo que tú le hiciste a tu padre.

Y como tenía mucho aprecio por sus partes pudendas…
¿Qué se le ocurre para evitar la fatalidad de perderlas? Comerse a todos sus hijos, por si acaso. Aquí nace la guerra preventiva. Apunta, apunta Javier.
Y aquí nos vuelve a aparecer la clave mitológica, que dice:

«A grandes males…».

PÚBLICO
«… Grandes remedios».

INTÉRPRETE
¿Que tus hijos te dan problemas? ¡Cómetelos! A ver, ¿quién tiene hijos problemáticos aquí?

PÚBLICO
(Levanta la mano.)

INTÉRPRETE
Pues ya sabéis.

Rea, después de dar a luz a su último hijo Zeus y después de ver que Cronos se ha comido a todos sus hijos, en vez de entregárselo agarró una piedra, la envolvió en trapos y se la dio a Cronos haciéndole creer que era Zeus; le dio el cambiazo, porque Rea era astuta y Cronos estaba obcecado:

— ¡Me lo como todo!

Rea aprovechó para llevarse a su hijo Zeus a las montañas y alimentarlo allí con leche de cabra. Pensaréis vosotros:

— ¿Y ya había cabras?

Pues sí, de hecho, en el Caos había una cabra flotando que allí balaba y volaba.

En las montañas, Rea, deja a su hijo Zeus con los Curetes, los Curetes... no, no eran curas pequeños. Eran pequeñas deidades rurales, espíritus de la naturaleza, hojas caídas de los árboles, el musgo que trepa por los troncos, las ramicas secas. Las cosicas que hay en el suelo del bosque, los bojos, la pelusilla del ombligo del bosque... Pues todo eso eran los Curetes, si vais de paseo por el bosque tened cuidado no los piséis, por favor.

Zeus creció allí, en el bosque, con los Curetes. Un día iba paseando por allí y se encontró con la Ninfa Metis. Que... como su propio nombre indica le gustaba mucho... «el metis».

Como Zeus venía con todos los extras, se entendieron muy bien, se enamoraron e hicieron el amor. Después del amor se echaron un cigarrito con una hierba de la risa que cultivaban los Curetes y se contaron sus cosas, sus cositas, las cosillas que se cuentan los chicos después de hacer el amor:

— Yo soy muy ninfa.
— A mí me han criado los Curetes.
— Que si me gusta mucho el metis.
— Mi padre no me entiende… se ha comido a todos mis hermanos, me quiere comer también a mí…

En fin, lo típico.
Metis, que había quedado conmovida a la par que satisfecha, le regaló un brebaje mágico, un vomitivo, para que su padre, Cronos, vomitara a sus hermanos. Pero Zeus no podía ir directamente a su padre Cronos, así que le entregó el jugo a su madre Rea:

— ¿A quién?
— ¡Arrea!

De ahí la expresión.
Rea le puso el jugo vomitivo a Cronos en la comida un día que había potaje, que le volvía loco:

— Me lo como todo, me lo como todo.

A Cronos enseguida le entraron ganas de vomitar, por eso se llama potaje, porque es «pa potar»… pero resulta que los hermanos de Zeus estaban muy agustito y no querían salir.

(Parodia a los hermanos de Zeus y deriva en baile.)

—Estamos agustito en la tripita de Papi, no queremos salir de la tripita de Papi, no pagamos alquiler, en la tripita de Papi…

Finalmente los vomitó y sus hermanos se aliaron con Zeus contra su padre Cronos. Estuvieron diez años en guerra. Llamaron a los Hecatónquiros y estos vinieron desde el Tártaro con sus cien brazos:

— ¿Qué, os echamos una mano? Tenemos doscientas, ja, ja, ja, ja…

Al final, ganaron y a su padre Cronos le jubilaron y le mandaron con el Imserso a la isla de los bienaventurados. Él está allí, como dios emérito: Perseguía a las enfermeras con las muletas, mataba elefantes, repartía sobres… Estaba allí… como dios.
Tras esto, Zeus tomó el poder, se instaló en el Olimpo y repartió la herencia:

— Para mí la tierra y el cielo.

A lo que sus hermanos recriminaron:
—Y nosotros, ¿qué?

Aquí datamos la primera pelea familiar por herencia de la Historia. Apunta, apunta, Javier.
Zeus lo resolvió de ordeno y mando, como venía con todos los extras…

— Para mí la tierra y el cielo, para ti Poseidón el mar, para ti Hades el infierno, y el resto repartiros los ministerios olímpicos como queráis.
Los hermanos respondieron:

—Bueno tampoco es para ponerse así, que eres un prepotente y un abusón...

Está claro que es la primera familia disfuncional de la historia, apunta, apunta, Javier.

Los romanos, que eran muy chulos copiaron a los dioses griegos y les cambiaron el nombre. Como no había SGAE...

Hicieron un poco lo que les salía de Rómulo y Remo. A Zeus le llamaron Júpiter, a Hera-Juno, a Afrodita-Venus, a Ares-Marte...

Son como nosotros, que le cambiamos el nombre a las cosas. Lo que viene a ser un filete ruso de toda la vida, lo metemos entre dos cachos de pan y es un Big Mac, una salchicha de Frankfurt entre dos cachos de pan, lo llamamos *hot dog*, que en una guerra matamos a un civil que pasaba por allí sin comerlo ni beberlo, «daño colateral», que invadimos un país para robarle el petróleo lo llamamos «cruzada patriótica»...

Somos como los romanos, hacemos lo que nos da la gana y le ponemos a las cosas el nombre que nos sale de Rómulo y Remo.

III. Más dioses

Pero esto es solo el principio.

Después aparecieron un montón de dioses y criaturas más o menos divinas, porque no todos vienen con todos los extras como Zeus.

Entre los dioses menos divinos está por ejemplo Hefesto. Un dios sin padre: ¿Qué puede haber más triste que un dios sin padre? ¿Sabéis lo que pasa? Que Hera, la que «era» la esposa de Zeus estaba harta ya de que Zeus, con la excusa de que era el dios de la creación y la regeneración, le engañara constantemente y como consecuencia se generaban unas discusiones impresionantes.

Zeus decía:

— Pero Hera, es que es mi vocación: crear, fecundar, mezclar especies diversas… y además *(Señalándose las partes divinas.)*, ¡qué hago si no con esto que tengo aquí…!

Hera contestaba:

— ¿Pues sabes lo que te digo? Que me tienes harta, que voy a traer un hijo al mundo por mí misma, así, sin copular, para que veas que se puede, que ya está bien de excusas…

Y así salió Hefesto.
Este es el primer caso de autogamia de la historia.

Pero como era autogamia, y era la primera vez, no le quedó bien. A Hera, Hefesto le salió feo... feo... de hecho, cuando se lo dieron en la maternidad olímpica dijo:

— ¡Pero qué «Hef-Esto»!

De ahí el nombre. El pobre Hefesto lloraba, lloraba mucho, lloraba mal, le había salido defectuoso y el pobre todo lo hacía mal.

(Parodia a un niño llorando.) ARRRGGGOOUUUGGFFF...

Y Hera ya no pudo más. Le agarró de la piernecita y lo tiró volando fuera del Olimpo. Hefesto cayó desde el Olimpo:

— AaaaaaaaaAAAAAAAAHH...

Se metió un castañazo descomunal, pero como era dios no se mató, porque feo, era feo, pero también era inmortal, y...

— ¿Qué le pasó?
Que cayó en mala postura y...
— ¿Qué le pasó?
Que se «hició» daño en una patita y se quedó cojito para toda la vida. ¡Oooooooh!
— ¿Y qué pasó?
Que por allí apareció la ninfa Tetis. ¿Cuál era la característica fundamental de la ninfa Tetis?
Que tenía muy buen corazón.

Agarró al pequeño Dios y dijo:

— «Pobechito, pobechito»… Yo te acojo en mi corazón.
Le puso allí, entre sus dos inmensas mamas:
— ¡Ay, qué penita; ay, qué penita…!

Le dio de mamar y le crió en su humilde morada, bueno tan humilde no era porque las ninfas iban a todo trapo.
La ninfa le enseñó lo que enseñan las ninfas: A tomar el té, a apreciar el arte, a hacer estilismos con ropa de marca… y muy pronto la ninfa Tetis notó que «Hefestinín» tenía un talento increíble para lo artesanal. Le hizo una manualidad preciosa: Un cubilete de macarrones para poner los pergaminos… precioso… con una mariposa de celofán que ponía: «Te quiero, mamá Tetis».

Y Tetis le dijo:

— Uy, Hefesto. ¡Qué Hefestivo! ¡Qué talento tienes para lo artesanal! Y ahora dónde pongo yo esto, que no me va con la decoración…

Pero Hefesto amaba el fuego; estaba continuamente jugando con fuego, le quemaba las cortinas… por lo que la ninfa le puso una fragua para que este se entretuviera y la dejara un ratito en paz.
Cuando Hefesto entró en la fragua, se sintió útil y hermoso por primera vez:

— ¡¡¡Gracias, mamá Tetiiiiiiis!!!

Allí, Hefesto consiguió reblandecer el hierro sobre el fuego, con las manos desnudas hacía maleable el metal incandescente y lo transformaba en objetos maravillosos y bellos.

Los romanos, que ya sabéis como son, a Hefesto le llamaron Vulcano, que lo mismo así lo ubicáis mejor.

Hefesto era majo, pero también un poquito travieso. Para comprender a Hefesto hay que entenderla clave mitológica que dice:

«Los dioses son contradictorios».
«Los dioses, ¿son?...».

Público

«… Contradictorios».

Intérprete

O sea, que pueden ser de una manera y luego también de otra, un día te hacen una cosa y otro día te hacen lo contrario… Es decir, que los dioses hacen siempre lo que les sale de... Rómulo y Remo.

Por un lado, Hefesto era duende, chistoso, reía porque cojeaba:

— ¡Ay, qué cojito estoy! ¡Ay, qué cojito estoy! Mira el cojito, mira el cojito…

Pero por otra parte era cabrón, era cabrón, cabrón:

— ¡Cojo tu padre...! ¡Te arranco la cabeza hijo de la gran...!

Esto quedó patente en la primera obra de arte que realizó para su madre Hera. Le construyó un trono bellísimo de oro y diamantes y se lo mandó de regalo al Olimpo en señal de paz.

A ella no le extrañó, y en ningún momento pensó:

—Qué raro que el hijo que mandé volando fuera del Olimpo me haga un regalo tan bonito.

Pues no, no le extrañó. ¿Por qué?

Porque «Los dioses son…».

PÚBLICO
«… Contradictorios».

INTÉRPRETE
…Y tontos, muy tontos.
La madre, colocó el trono al lado de la mesa donde cenaban en el Olimpo mientras se chuleaba:

—Mira qué regalo más bonito me ha mandado mi hijo.

Comenzaron a cenar, las cenas en el Olimpo eran pantagruélicas, como eran dioses les entraba todo… Siempre terminaban con eso de:

(Canta.) La ambrosía que «tié» Poseidón ni es blanca ni tinta ni tiene coloooor…

Cuando acabaron la sobremesa, Hera, se quiso levantar del trono que le había regalado su hijo Hefesto, pero se dio cuenta de que no podía:

—Pero si tampoco he bebido tanto…

Esta era la venganza de Hefesto que, como ya hemos dicho antes, era laborioso, pero también cabrón. Hefesto había construido un mecanismo elaboradísimo para atrapar a su madre en el momento en el que ella intentara levantarse, y no podía escapar. Esa era su manera de vengarse por todo lo que había pasado de bebé. Se armó un follón de narices en el Olimpo.
Zeus, partiéndose de risa, se mofaba diciendo:

— Eso te pasa por autoreproducirte, jajaja.

Hera le recriminaba:

— ¡Idiota, machirulo, sácame de aquí!

Para negociar con Hefesto mandaron a Hermes-Mercurio, el dios del comercio y las comunicaciones, que tenia «piquito de oro», el dios este que tiene alitas en los pies. El de las primeras «nique air», modelo Chicken Wings, 460 CV de potencia, de 0 a 100 en 3 segundos… una barbaridad.
Hefesto se mantuvo firme:

— No, ella me tiró volando fuera del Olimpo así que, que se joda. Yo sufro y sufro pues, ahora, que se joda.

Después mandaron a negociar con Hefesto a Dioniso-Baco, dios de la fiesta, del vino del desenfreno. Dioniso, lió a Hefesto:

— Anda, otra ronda de chupitos de tequila. ¡Fiesta, fiesta!

Se pusieron… Salieron a las siete de la mañana de un sitio de esos malísimos.

(INTÉRPRETE *aludiendo al* CHIVO EXPIATORIO.) No, una churrería no, Javier… ¡Un *after*! Que como son dioses pues les entra todo.
Dioniso lió a Hefesto; le llevó al Olimpo y le convenció para que liberara a su madre del trono-trampa. Le convenció también para que se quedara en el Olimpo. Como era habilidoso, le tenían de currito «pa tó», para las chapucillas olímpicas que iban surgiendo.
Gracias a todo esto, Hefesto, se quedó en el Olimpo…

pero estaba solo y Zeus que era un cachondo, decidió que le buscaría una pareja:

— Al más feo le voy a dar como mujer a Afrodita, a la más guapa, la diosa del amor jajajaja. Nos vamos a partir la caja, jajajaja…

Así fue como Zeus casó a Hefesto y a Afrodita.
No sabemos lo que le pareció a Afrodita, seguramente mal, mal, mal, pero Hefesto lo celebró mucho:

— ¡Que me caso con Afrodita! Me-ca-so-con-A-fro-di-ta.

Lo celebró mucho, sí, pero es que entonces no sabía otra de las importantes claves de la mitología la que dice:

«Los regalos de los dioses están envenenados».
«Los regalos de los dioses están…».

PÚBLICO
«… ¡Envenenados!».

INTÉRPRETE
¡Nunca Aceptéis Un Regalo De Los Dioses!
Y es que Afrodita era muy guapa, muy maja, muy simpática, pero tenía una cosa, tomaba a los hombres; los tomaba solos, con leche, con hielo o en pepitoria… Su destino era amar y era totalmente *open mind* y a Hefesto que no era nada *open mind*, esto le traía por la calle de la amargura. En este momento, Hefesto entendió que…

«Los regalos de los dioses están…».

PÚBLICO
«… Envenenados.».

Intérprete

Esto es como cuando te dan una hipoteca y dices: ¡Me han dado una hipoteca! ¡Me han dado una hipoteca!

— Sí, sí, tú espérate a pagar los intereses.

«Los regalos de los dioses están envenenados». Nunca Aceptéis Un Regalo De Los Dioses.

Afrodita le decía a Hefesto:

— Yo no es que no te quiera ser fiel… es que no me sale.

Pero con quien le gustaba mucho practicar a Afrodita, era con Ares, dios de la guerra, se ve que «le daba… mucha guerra…».
Y claro, esto se acabó sabiendo. ¿Por culpa de quién?
Helios, el Sol, que lo sacó a la luz, mientras se escudaba diciendo:

— A mí no me contéis nada que yo lo suelto todo, como no tengo filtro…

Hefesto sorprendió a Afrodita y a Ares practicando y les atrapo en una cama trampa. Como veis, lo suyo eran los muebles trampa.
Dicen las malas lenguas que él es el inventor de IKEA y de sus muebles trampa: «Siempre sabes cómo empiezas a montarlos, pero nunca cómo terminas».
Después de esto hubo un periodo de calma.

(Se sienta, bebe agua y se dirige al Chivo Expiatorio.*)*

Oye, lo estás haciendo muy bien, ¿eh?

CHIVO EXPIATORIO
(Silencio.)

INTÉRPRETE
(Al PÚBLICO.*)* Vosotros también, pero es que como es el chivo expiatorio, pues sufre más.

(Pausa, bebe agua y mira al PÚBLICO.*)*

Después del periodo de calma, Zeus dijo:

—A practicar…

Vio pasar a su hermana Deméter y dijo:

— Deméter, De-metér, de meter…

Y se metieron. Así concibieron a Perséfone, que más que contradictoria como Hefesto, era, directamente, bipolar: la mitad del año vivía en el Olimpo, entonces la tierra florecía y daba frutos: primavera, verano. Y la otra mitad vivía en el Hades, la tierra estaba estéril y no daba fruto: otoño, invierno. Perséfone estaba un poco como entre Ibiza y Baqueira, Ibiza y Baqueira… bipolar...
A Zeus también le gustó mucho y se convirtió en serpiente y la fecundó. Concibieron entonces a Zagreo, un titán bellísimo. Que, si os dais cuenta, era hijo y nieto de Zeus. «Nietijo». Él estaba encantado:

— ¿Qué puede haber mejor que tener un hijo que, además, es tu nieto? Tener un «nietijo» es lo mejor. En Navidad, con un regalo lo apañas todo…

Tras este alarde, Zeus, le decía:

— ¡Qué guapo eres! ¡Cómo te pareces a mí! Venga, «nieti-jo», vamos al estadio olímpico que hoy dan un partidazo...

Zeus estaba encantado, pero Hera, que ya sabemos que era... lo que era, la mujer de Zeus, odiaba a Zagreo. Ella no podía soportar que tuviera hijos con otras. Llámala celosa.

Llamó a unos Titanes muy chungos que venían del Este para que mataran a Zagreo:

Zagreo, en ese momento, se encontraba con los Curetes haciendo unas gestioncillas con «la hierbita de la risa» que vendían; estaban haciendo sus trapis, cuando vieron venir a los Titanes, los Curetes salieron por patas, ellos eran más de *peace and love*, mientras que Zagreo se escondió en una cuevita pequeñita, donde los Titanes no podían entrar.

Los Titanes discutían entre ellos sobre cómo engañar a Zagreo para que saliera de su cueva:

—Zagreo, te traemos manzanassss...
—Pero cómo le ofreces eso, entonces no va a salir, idiota.
—Zagreo sal. Te daremos poderes, podrás hacer magia, comprender el lenguaje de las flores y de los animales...

A lo que Zagreo respondió:

— Yo es que soy más de... ¿Tenéis un gramo?

Los Titanes entre ellos seguían discutiendo:

— ¿Un gramo? Yo no. ¿Tú tienes un gramo?
—Sí, toma.

Finalmente, los Titanes le ofrecieron un espejo con... *(Gesto de nariz.)* y Zagreo empezó a mirarse en el espejo.

(Esnifa.)

¿Y qué paso?
Pues lo que les suele ocurrir a los que se «miran al espejo».

(Esnifa.)

Empezó a hablar y hablar… primero, que si los agujeros negros; que si los puntos negros… Se miró en el espejo:

— Mira tengo un punto negro.

Continuó mirándose en el espejo mientras se repetía a sí mismo:

— ¡Uy qué guapo soy, que guapo soy, que guapo soy!

(Esnifa.)

La vanidad, la vanidad, la vanidad… Y en este momento los Titanes aprovecharon para matarlo, descuartizarlo y comérselo…
Zeus se cabreó muchísimo y mandó un rayo a los Titanes por matar a su hijo y, ¡Zasca!, hechos cenizas.
Allí estaban las cenizas de Zagreo y la de los Titanes mezcladas… total, que llovió y se hizo un barrillo. Y por allí pasaba Prometeo, que era un tío muy vivaz y dijo:

— Ay, qué barrillo más majo…

Se puso a modelar, a modelar, a modelar y creó al Ser Humano y le insufló la llama de la sabiduría. Esa es la materia con la que Prometeo hizo al ser humano, con la ceniza de Zagreo: lo hermoso, lo bueno, lo bello… y por otra parte la ceniza de los Titanes: la maldad, la fealdad la crueldad. Por eso también nosotros somos un poquito contradictorios y bipolares como los dioses.

Zeus al ver aquello exploto:

— Me estáis dando la mañana. ¡En este universo el único que crea soy yo! Prometeo. ¿Y encima les das la llama de la Sabiduría? ¿No sabes que las armas las carga el diablo?

Zeus encadenó a Prometeo en el Monte Cáucaso y ordenó que una bandada de águilas fuese allí para devorarle el hígado.

Pero ahí no queda la cosa.

El hígado, a Prometeo, por las noches, le volvía a crecer, pero al amanecer las hijas de puta de las águilas volvían para devorarlo de nuevo, así durante el resto de la eternidad.

Como veis, los seres humanos desde el principio hemos sido conflictivos.

La mitología dice que Prometeo creó al ser humano…

(Acercamiento al Público, *en voz baja como desvelando un secreto.)*

Hay otros que dicen, que los seres humanos, somos fruto de un experimento alienígena. Un experimento alienígena… para crear mano de obra barata, una especie de ETT alienígena. De ahí lo de la película, ETT, el extraterrestre. Dicen que llevan aquí miles de años gobernándonos y manipulándonos. La granja humana, dicen que somos.

En cualquier caso, sean dioses o sean alienígenas, nosotros, ¿qué somos? ¿Un experimento? ¿Una creación? ¿La purria?…

IV. Mi familia y otros animales

Mi abuela siempre me contaba el cuento de *Pinocho*, la marioneta de hilos que construyó Gepeto y que luego se convirtió en un niño de verdad.

Mi abuela me insistía mucho en Pinocho, Pinocho, Pinocho, cierto es que tenía noventa y cinco años, y se le iba un poco la cabeza. Aunque ella siempre fue una persona muy sana, muy sana, muy sana «sin colorantes ni conservantes», sana, sana, sana... bueno...

Por las mañanas se tomaba un par de Cafiaspirinas, por el tema de la circulación, porque decía que fluidifica la sangre y como tenía cafeína pues le daba el subidón, luego se metía tres termos de café bien cargaditos. Era muy cafetera, como venían de Cuba... y con mucho azúcar, porque el café, dulce como el amor, para que subiera más.

A media mañana se tomaba el Okal, que también le daba subidón y lo mezclaba con unas ampollas polivitamínicas que yo creo que tenían también... misterio. Anfeta pura, vamos.

Con la comida y la cena se tomaba cinco o seis copitas de Vino Sansón, que como era digestivo…

(Reflexiona.) ¡Vamos... que mi abuela era politoxicómana y se le iba la cabeza!
No sé si sería por esto, pero me insistía mucho en Pinocho, incluso me cantaba la canción de Pinocho:

(Canta.) Sin hilos yo me sé mover, yo puedo andar y hasta correr, los tenía y los perdí, soy libre y soy feliz. Lilularí lará nadie me maneja a mí, viva la libertad, esto se llama vivir...

Y entonces me di cuenta de que la historia de Prometeo es la misma historia que la de Pinocho:

Prometeo creó a los seres humanos de un barrillo, como Gepeto crea a Pinocho de un trozo de madera.
Prometeo nos dio el fuego sagrado, como Gepeto le dio la vida a Pinocho. Sí, ya sé que se lo pidió al hada... pero, bueno, esos son detalles del cuento.
Lo importante es que yo entendí el mensaje que me estaba intentando transmitir mi abuela, lo que quería decir con Pinocho era:

—Que somos muñecos en manos de viejos solitarios que juegan a ser Dios. Llámalos, alienígenas, dioses o *(Con secreto.)*... Los que manejan los hilos.
¿Me entendéis a lo que me refiero?

Otro ejemplo, a ver si así lo veis más claro.
Dicen que Hades, dios de los infiernos, *(Suena tema heavy de Hades.)* un día estaba aburrido y pensó:

— Si tenemos el don de crear, tenemos también el don de destruir, ¿no?

Y para divertirse se le ocurrió provocar una guerra en la que puso a pelear a los seres humanos, para entretenerse, como si fuera una pelea de gallos, para hacer apuestas, para divertirse. Pero como los hombres no peleaban *motu proprio*… Hades se dedicaba a meter cizaña en distintos bandos, se infiltraba en un bando y decía:

— ¡Esos bastardos son el eje del mal!

Después se iba al otro bando y afirmaba:
— ¡Son infieles! ¡Guerra Santa, guerra santa!

Pero la verdad es que el mismo Hades era los dos bandos. ¿Me seguís, no? Lo que quiero decir, es que los dioses sólo tienen un bando, el suyo.

V. El Hades

Ha llegado el momento de hablar del Hades:

(Ambiente musical enigmático.)

El mundo de la oscuridad, el mundo de los muertos, de lo numinoso, el mundo del misterio, misterioooo...
Bueno, no.

(Cortando la atmósfera.)

Tanto misterio, no. Porque la verdad es que nuestro mundo real se parece bastante al Hades. Es más, es que yo creo que los griegos se inspiraron en nuestro mundo real para crear el Hades, es decir, que se inspiraron en nuestro presente para crear su pasado; o sea, que nuestro futuro...

— ¡Ay, qué lio! Bueno, que nuestro mundo real se parece mucho al Hades.

Cuando una persona se moría se le colocaba una moneda

debajo de la lengua: El óbolo. Después, llegaba Hermes-Mercurio, el dios de las alitas en los pies, el de las «nique Air» modelo Chicken Wings y tomaba el espíritu del muerto para llevarlo a la entrada del Hades. Allí estaba Caronte, el barquero del infierno, que llevaba las almas en su barca a través de la Laguna Estigia. Cuando el alma llegaba, Caronte le decía:

— Dame, dame el óbolo.

Hermes, que ya declaraba autónomos, preguntaba:

— ¿Y el ticket?

A lo que el barquero contestaba:

— No, no, aquí ni ticket ni ná, aquí todo es en negro. ¿No ves que estamos en el infierno?

¿Veis cómo es lo mismo? Por cierto, la gente se moría a todas horas, con lo cual Caronte no tenía regulación del horario laboral:

— ¡Estoy explotado! ¡Estoy explotado!

¿Véis cómo es lo mismo?
Después de pagar a Caronte, te llevaba en su barca cruzando la Laguna Estigia mientras él arrancaba a cantar:

—Che bella cosaaaaa una giorná di soleeeee, la ariaaa serena dopo la tempestaaaaa… Oh sole miooooo, estai fronte a meeeee.

Los pasajeros de la barca se tapaban los oídos y comentaban:

— Pues sí que estamos en el infierno…

Ya cerca de la otra orilla de la Laguna Estigia, Caronte ya iba por:
—Volaaaareeeee, oooohhhh, oohhhhh, cantareeeee….

Toda la gente salía de la barca escopetada. Una vez allí, se encontraban con el Can Cerbero, el perro del infierno. Un perro con cincuenta cabezas con fauces venenosas y el lomo erizado con serpientes.

(El perro se acerca a olisquear, «¡Quita chucho!» le propinan una patada y sale volando.)

Cuando entras en el Hades te das cuenta de que es un pisito de tres habitaciones, una más grande y dos más pequeñas. La estancia más amplia es la Pradera del Asfódelo. Luego estaba el Elíseo que era «El infierno de los guays» y el Tártaro, «El peor de los infiernos» del que hablamos antes con nuestro querido chivo expiatorio.
En el Asfódelo uno se dedicaba a repetir mecánicamente lo que habías hecho en su vida cotidiana:

(Con un tono rítmico y machacón.)

—Me levanto, desayuno, veo las noticias, me cago en su padre. Cojo el coche, voy a trabajar, pillo un atasco, me cago en su padre. Pago el IVA, pagos autónomos, pago multas, me cago en su padre.

¿Veis cómo es lo mismo? De vez en cuando un alma se inclinaba sobre «El Lago del Recuerdo» y bebía.

(Bebe.) Con Franco vivíamos mejor… Cuando hice la mili había un sargento chusquero que… en la cantina nos comíamos un bocata de chorizo por dos pesetas…

Si lo que querías era olvidar ibas al «Río Leteo» que era un garito con barra libre las veinticuatro horas:

— ¡Otra ronda de Tequila! ¡Fiesta, fiesta!

¿Veis cómo es lo mismo?
Las almas restantes acudían al Tártaro, lo peor de lo peor. Allí estaba Sísifo que se dedicaba a subir una piedra hasta la cima de una montaña y una vez arriba, la dejaba caer, la subía a lo alto de la montaña y la dejaba caer. Era como un día de resaca mala, mala, de estos en los que te juras y perjuras que no volverás a beber, pero el viernes siguiente ya estás otra vez con la cantinela:

— ¡Otra ronda de chupitos de tequila! ¡Fiesta, fiesta!

¿Veis cómo es lo mismo?
Por último, añadir que del Hades no se podía salir, igual que nosotros durante la cuarentena, que no podíamos salir…
¿Veis cómo es lo mismo?

(Pensando.) Aunque hubo uno que sí consiguió ir y volver del Hades… Orfeo.

VI. Orfeo

Orfeo requiere una atención especial y no sólo porque sea el origen de la palabra Orfeón «un nutrido grupo de hombres y mujeres que cantan en sus ratos libres cánticos propios de su tierra», sino también porque Orfeo era hijo de Apolo, dios de la Poesía, de las Artes, el inventor de la lira.

Orfeo era el más bello, el más grande, el más enigmático cantante de la antigüedad. Se decía que su canto ejercía una fuerza magnética sobre la naturaleza.

(Canta una letra moderna sobre una melodía antigua griega con cítara y percusión.)

—Mírame, en nada me consigo concentrar, ando despistado todo lo hago mal…

¿Entendéis lo que os digo, verdad?
Apolo le regaló a Orfeo una «lira stratocaster» y este se empleaba a fondo con ella tocando y cantando:

—Si todo el mundo quisiera una canción que hable de paz, que hable de amor…

Bueno, al grano.

Orfeo conoció a la ninfa Eurídice y ambos se enamoraron perdidamente. Eran los más bellos, los más grandes, los más enigmáticos amantes de la antigüedad.

Un día Orfeo, que era un tipo tremendamente detallista y metrosexual, fue a la ciudad a comprar telas para hacerle un vestido a Eurídice. Su amada, entre tanto, salió de paseo para recoger flores, con tan mala fortuna que se encontró con Aristeo, el inventor de la apicultura, que además de abastecer de miel a toda la antigüedad, era un viejo verde, de hecho, le llamaban «Aristeo Weinstein». Regentaba un garito de alterne llamado «El Aguijón lujurioso». En cuanto vio a Eurídice quiso raptarla para llevarla a su local. Empezó a perseguirla y Eurídice huyó, pero en su huida una serpiente en el tobillo le picó... y murió.

Cuando Orfeo descubrió muerta a Eurídice algo se rompió en su interior...:

(Canta.) Ay, pena, penita, pena, pena, pena de mi corazón…

Desde entonces sólo cantaba canciones tristes, casi todas se han perdido en el olvido. Hemos podido recuperar algunas, gracias al esfuerzo inestimable de prestigiosos arqueólogos que han podido rescatar alguna de estas joyas de los umbrales del tiempo, como esa hermosa oda que dice:

(Canta.) Dame veneno que quiero morir, dame venenoooo…

(Contando sílabas con los dedos.) Da-me-ve-ne-no- que quiero morir, dame veneno. Pentámetro yámbico. Porque Orfeo triste, estaba triste, pero también era poeta.

Viajó y viajó hasta llegar a las puertas del Hades. Se encontró con Caronte y mantuvieron una seria conversación:

— Pum, pum.
— ¿Quién es?
— La paloma y el laurel.
— Abre la muralla…

Vieron que eran almas cantoras, almas gemelas, así que Orfeo convenció a Caronte para que le llevase en su barca atravesando la Laguna Estigia hasta el Hades. Remaban cantando:

—Veinte, años, tiene Eurídice. Dulce, dulce. Tierna, tierna. Como una flor… cuando el sol se pone es la estrella que da luuuuuuz…

El Can Cerbero que los vio venir de esta guisa salió por patas y les dejó el paso franco para que llegaran hasta el mismísimo Hades. Orfeo habló:

— Hades, por favor, devuélveme a Eurídice, no puedo vivir sin ella.

Y en honor a Hades, Orfeo empezó con su repertorio. *(Orfeo canta.)* Hades que era más bien metalero le dijo:

— Vale, para, paraaaa. Llévate a Eurídice… pero con una condición: no vuelvas a mirarla hasta que hayáis salido del Hades.

Orfeo le agradecía:

— Gracias, Hades, gracias. Gracias a la vida que me ha dado tanto…

Orfeo iba delante, Eurídice detrás, cuando estaban a punto de salir del Hades, Orfeo le dijo a ella:

— Hades me ha dicho que no me puedo girar a mirarte, pero es que tengo unas ganas de darte un besito… yo creo que si me vuelvo un momento no pasa nada.

Se giró y… Eurídice… se convirtió en sombra y retornó al Hades.

Estaréis pensando: ¿Por qué lo hizo?
Pues porque sí. Ya sabemos que en la mitología:

«Todo tiene su razón de ser menos lo que es…».

Público
«… Porque sí».

A estos impulsos autodestructivos que tienen los dioses y que tenemos los seres humanos, algunos los llaman «El demonio de lo perverso». Cuando todo va bien, nos entran, de repente, unas ganas tremendas de buscarnos problemas.
¿Os suena verdad?
Es como cuando tienes un día libre y dices: «Voy a ordenar los armarios…».
¡El demonio de lo perverso!
Desde ese momento, Orfeo no miró a mujer alguna. De hecho montó una Sociedad Gastronómica con sus amigotes, un «txoko», y durante las sobremesas cantaban:

—Cuando salí del Hades, dejé mi vida, dejé mi amor, cuando salí del Hades dejé enterrado mi corazón…

Orfeo acabó fatal, una tarde, camino del «txoko», se encontró con las Ménades.

(Se dirige al Público.)

Aquí solicito de nuevo la colaboración de la OCEEM. La Orquesta Cósmica de Efectos Especiales Mitológicos, o sea, vosotros.

Las Ménades eran un grupo de ninfas en estado salvaje que adoraban a Dioniso-Baco dios de la fiesta, del vino, del desenfreno. Corrían desnudas por los bosques con sus carnes turgentes azotadas por el ramaje. Eran alocadas, sensuales…

A ver, a ver qué os provoca, soltaros, a ver qué os sale, eso es, así, es una mezcla de agitación física y sensualidad, a ver, eso, sin miedo sin miedo…

A ver cómo lo desarrolláis…

PÚBLICO

(Recrean las respiraciones sobre un ritmo.)

INTÉRPRETE

Bueno, esto más que a sensualidad, me remite a... gastroenteritis, pero vamos a seguir probando, vosotros, sin miedo, vosotros imaginaros por ahí corriendo por el bosque en pelota picada, yo os aseguro que muchos días lo practico, me voy aquí, al Retiro, los domingos por la mañana, me quedo en pelota picada y corro entre los arbustos dejándome azotar por el ramaje, si os apetece, podemos hacer una quedada conjunta ya veréis que es pura maravilla, uno se queda como nuevo…

PÚBLICO

(Recrean las respiraciones sobre un ritmo.)

INTÉRPRETE

Eso es, ahí lo tenéis.

Las Ménades eran un grupo de ninfas en estado salvaje, de vida enajenada que adoraban a Dioniso-Baco, dios de la fiesta del vino y del desenfreno. Vestían con pieles de cervatillo, así rollo «animal print», coronas de hojas de vid, bailaban con el abandono salvaje de la naturaleza primaria. Se permitían altas dosis de violencia. Derramamiento de sangre, sexo desenfrenado, practicaban el «sparagmos» el desgarro y descuartizamiento de sus víctimas, tras lo cual ingerían su carne cruda, se daban a la autointoxicación. Vamos, que las Ménades iban como locas, hasta el culo de todo, adorando a Dioniso.

Vieron a Orfeo que era un bellezón… y lo rodearon. Orfeo preguntó:

— Un momento, ¿qué pasa aquí?

Las ninfas danzando a su alrededor coqueteaban diciendo:

— ¿Orfeo por qué te llaman Orfeo? Te tenían que haber llamado «Orguapo».

Orfeo ensimismado seguía buscando respuestas:

— ¿Pero vosotras quiénes sois? Yo no quiero líos, que he tenido una vida muy complicada…

Y ellas insistían:

—¡Ven aquí con nosotras a adorar a Dioniso!

Las Ménades se abalanzaron sobre Orfeo y empezaron a pelearse por él. Se produjo un terrible griterío, él gemía de dolor todavía con aliento, ellas desgarraban sus costados a tirones.

(Peleándose.)

—¡Mío, mío, mío… mira ni pa ti ni pa mi!

Finalmente le arrancaron la cabeza... y la tiraron al mar. La cabeza llegó flotando hasta la isla de Lesbos, cantando, claro:

—Porque voy a perder la cabeza por tu amor...

Allí se le erigió un santuario donde hacía predicciones, por supuesto, cantando. Apolo, su padre, harto de oírle berrear le envió al Can Cerbero que con sus cincuenta cabezas de fauces venenosas le dijeron:

— ¿Por qué no te callas?

Y Orfeo se calló para siempre.

VII. Hombres

Estas son algunas de las cosas que pasaban en el Hades.

Y a todo esto, vosotros os preguntaréis: Los hombres, ¿qué hacían?

Los hombres siempre hemos sido un desastre. Ahí tenéis a Ícaro, y a su padre el inventor Dédalo. Ambos estaban presos en la isla de Creta por orden del Rey Minos, que dominaba la tierra y el mar.

Dédalo que era un cráneo privilegiado dijo:

—Habrá que escapar por el aire…

Para escapar fabricó unas alas con una estructura de madera, a la que le pegó unas plumas de ave con cera de abeja. Una vez terminadas, ambos se prepararon para volar, pero Dédalo advirtió a Ícaro, que era adolescente y estaba con el pavo subido:

— Ícaro.
— ¿Qué pasa, papá? No seas coñazo.
— Hijo, no vueles demasiado bajo porque la espuma del mar mojaría las alas y no podrías volar, tampoco vueles

demasiado alto porque con el calor del sol se derretiría la cera, las plumas se soltarían y tu caerías y morirías.
— Padre, ¿me tienes que decir todo el rato lo que tengo que hacer? Joe, tengo unas ganas de marcharme de esta isla y vivir mi vida…

Cuando arrancaron a volar, todo fue como la seda. Volaban. Se alejaban de la isla de Creta, sentían en sus caras el viento de la libertad. Eran libres. Ícaro, que vio que aquello estaba yendo genial dijo:

— ¡Cómo mola! ¡Qué flipe! Y qué pasa si voy un poco más alto, más lejos, más rápido… ¡Más alto! ¡Más lejos! ¡Más rápido!

Su padre desesperado le recriminó:

— ¿Ícaro qué te he dicho?
— ¡Que me dejes en paz, eres un *pesao*! ¡Más alto! ¡Más lejos! ¡Más rápido!

Ícaro subió y subió: El calor del sol derritió la cera, las plumas se soltaron e Ícaro cayó… «¡Más alto, lejos! ¡Más rápido!» y murió.

Esto es como a nosotros que nos dicen:

— ¿Pero que estáis haciendo? Estáis destruyendo el planeta, os estáis matando.

Pero a nosotros no nos importa, porque lo único que nos importa es ir…

—¡Más alto! ¡Más lejos! ¡Más rápido! ¡Más alto! ¡Más lejos! ¡Más rápido! ¡Más plástico, más industria, más basura!

Hemos puesto hombres en la luna; los pondremos en Marte; hemos puesto un telescopio en los límites del sistema solar… pero no somos capaces de crear un método inteligente de reparto de recursos para que la gente en este planeta no se muera de hambre. ¿Por qué?

—Porque lo único que nos importa es ir… ¡Más alto! ¡Más lejos! ¡Más rápido! ¡Más alto!¡Más lejos! ¡Más rápidooooo! ¡Oeeeee, oe, oe, oeeeeeeee!

VIII. Zeus y los hombres

Zeus, no podía soportar a los seres humanos:

— ¡Los voy a exterminar! ¡Voy a mandar el diluvio universal!

Hermes y Apolo, que eran unos dioses más moderados, le replicaban:

— Hombre, Zeus, a eso habría que darle una vuelta…

A lo que Zeus contestó:

— Está bien, vamos a hacer una cosa, si encontramos a una pareja de seres humanos buenos que vivan sobre la faz de la tierra, no los extermino.

Empezaron a buscar y a buscar. *(Mira entre el público.)* Ya os digo yo que si hubieran mirado por aquí nos exterminaban sí o sí. Siguieron buscando, buscando y se encontraron a Pinocho:

— Este no sirve porque antes era de madera.

—Zeus, eres un tiquismiquis, así es que no se puede…

Finalmente encontraron a una pareja de ancianitos maravillosos: Filemón y Baucis. Zeus estaba feliz con este hallazgo y les dijo:

— Qué buenos sois… Pedidme lo que queráis.

A lo que Filemón y Baucis respondieron:

— Pues no sé… El caso es que somos tan buenos, tan buenos y hemos vivido tanto que ya lo único que queremos es morirnos juntos.

Y Zeus contestó:

— Pues que así sea.

Zeus les concedió el deseo y Filemón y Baucis murieron. Filemón al morir se convirtió en un Roble; Baucis en un Tilo.

Siempre que llego a este punto me acuerdo de mis padres, Ricardo y Delfina. Ellos también eran una pareja de ancianitos maravillosos y también se fueron hace tiempo, la Abuela Lupe se había ido antes.

¿Pero sabéis qué?

Yo siento que, de alguna forma, siguen aquí conmigo.

Me imagino que a vosotros también os pasará con los vuestros que se han ido… Pero es que yo a veces siento… que se transfiguran en los frescos que mi padre pintó por toda la casa.

Unas veces la abuela Lupe es la diosa Gea que está en el salón. Mi madre en ocasiones es Afrodita, otras Palas Atenea. Apolo, dios de la Pintura y de las Artes, en ocasiones tiene la cara de mi padre... Y me di cuenta de que todos nosotros, tenemos algo de cada uno de esos dioses.

A veces somos prepotentes como Zeus, o creativos como Hefesto, o iracundos como Ares-Marte, dios de la guerra. Otras amorosos y sensuales como Afrodita o rebeldes como Prometeo...

Una vez que Filemón y Baucis se convirtieron en árboles, Apolo y Hermes le dijeron:

— ¿Ves cómo no puedes exterminar a los seres humanos?

Zeus contestó:

— Un momento, ¿yo que os dije? Que no exterminaría a la humanidad si encontrábamos a una pareja de seres humanos buenos viviendo sobre la faz de la tierra. ¿Pero estos cómo están? Muertos. ¡Poseidón, hermanito! ¡Mándame el diluvio!

Poseidón, encantado de conocerse, responde:

— Pues claro hermanito. Ahí te mando un diluvio de las Rías Baixas que te vas a chupar los dedos...

A todo esto... recordemos que habíamos dejado a Prometeo, creador y salvador de la humanidad encadenado al Monte Cáucaso... Prometeo fue liberado por Hércules, que también era hijo de Zeus, pero no se llevaban bien. Cuándo Prometeo se enteró de lo del diluvio fue al encuentro de los seres humanos:

(Música épica.)

— Seres humanos, míos todos, no tengáis miedo. No podemos sucumbir ante el castigo de Zeus. ¿Por qué vivir bajo la tiranía de estos dioses psicópatas que se aprovechan de nosotros, nos manipulan, fabrican crisis, guerras, nos maltratan?

Los hombres contestaban:

— ¿Y qué vamos a hacer contra los dioses, Prometeo? Tú lo ves todo muy fácil cómo eres inmortal…

Y Prometeo añadió:

— Calma, igual que Superman, los dioses también tienen su kriptonita…

(*Pausa.*) Bueno, Prometeo no dijo esto exactamente, pero para que me entendáis.

— Ellos necesitan que penséis que son omnipotentes y que no se puede hacer otra cosa. Que «esto es lo que hay», que no vale la pena luchar. ¡Pero hay que luchar!

Los seres humanos ovacionaron:

— ¡A la luchaaaaa!

Prometeo:

— Un momento, un momento. Porque ellos son menos que nosotros, pero también son más poderosos. Tienen servicios secretos, poseen ejércitos, fabrican armas. Es que si hiciéramos una revolución serían ellos los que nos venderían las armas… así que no vamos a ir por ahí. Pero ellos jamás podrán con una mayoría humana que use la no-violencia de Gandhi. Estos dioses psicópatas, no entienden lo que significa la palabra amor, ética o compasión. La kriptonita de los dioses se llama sentido de comunidad, se llama empatía, se llama solidaridaaaad.... Seamos nuestros propios dioses, seamos más que dioses, humanos en nuestro propio Olimpo.

A lo que un espontáneo contestó:

— Prometeo, todo eso es muy bonito, pero ¿ahora qué hacemos, que nos han mandado el diluvio?

Prometeo para salvar a los hombres del diluvio les construyó un barco, un arca fenomenal porque su lema era:

«A grandes males…».

PÚBLICO
«… Grandes remedios».

Y, ahora, vosotros pensaréis: ¿Pero esto no se parece mucho a lo del Arca de Noé?
Hay algunos que dicen que los griegos leían mucho la Biblia, pero como cronológicamente no va a poder ser, va a ser que la Iglesia debe un montón de pasta en derechos de autor por haber copiado a los griegos… Pero bueno eso es otra historia, a lo que iba:

Cuando las aguas cubrieron la Tierra, el arca flotó y la humanidad se salvó, con tan buena fortuna que… ¿sabéis que encontraron flotando en medio de las aguas?

La cabeza de Orfeo, que alegremente cantaba:

—Si todo el mundo quisiera una canción, que hable de paz, que hable de amor…

¿Y sabéis quienes venían detrás de la cabeza de Orfeo con la determinación de la naturaleza salvaje?

(Con el ritmo, la respiración, en crescendo…)

— ¡Oh, las Ménades! ¡Oh, las Ménades! ¡Oh, las Ménades!

¿Y sabéis quien venía nadando detrás de las Ménades?

¡Pinocho! Que alegremente cantaba:

—Sin hilos yo me sé mover, yo puedo andar y hasta correr, los tenía y los perdí, soy libre y soy feliz. Lilularílará, nadie me maneja a mí, viva la libertad, esto se llama vivir.
¡Todos juntos!

— Viva la libertad, esto se llama vivir. ¡Todos Juntos!

(Cantando.) Viva la libertad, esto se llama vivir…

Repiten varias veces cada vez más suave. Mientras la luz desaparece.
Perdiéndose…
Fundido a negro.

Fin

EDICIONES ANTÍGONA